자료관의 기록관리 : 업무편람

Managing Records Centres : A Procedures Manual

고선미 역 | 한국국가기록연구원 감수

진리탐구

자료관의 기록관리 : 업무편람

옮긴이   고선미
감 수   한국국가기록연구원
펴낸이   방 은 순
펴낸곳   진리탐구

초판 1쇄 인쇄 2006년 08월 24일
초판 1쇄 발행 2006년 08월 28일

주소   서울시 마포구 도화동36
       고려아카데미텔II 1313호
전화번호   02) 703-6943~4
전송번호   02) 701-9352

출판등록일   2004년 06월 11일
출판등록번호 제 313-2004-000148호

ISBN   89-8485-136-1

● 발간사

　지금으로부터 8년 전 한국국가기록연구원이 출범하였다. 지난 시간을 회고해보면 아쉬움도 있고 또 앞으로 해야 할 일도 산적해 있다. 그러나 한편으로는 나름대로의 뿌듯함을 느끼기도 한다. 시민기록문화전, 기록문화 시민강좌 개설, 심포지엄, 한림기록문화상 제정, 한국기록학회 조직, 월례발표회, 한국기록관리학교육원 개원 등등, 모두가 우리의 기록문화 발전에 초석이 될 것임은 분명하다.

　연구원의 출범과도 무관치 않지만 우리의 기록문화에 또 하나의 이정표라고 할 수 있는 것은 기록물관리법령의 제정이다. 법령의 제정으로 이제 우리도 현대적 기록관리체제에 들어갔다고 말할 수 있게 되었다. 그러나 법령의 제정이 바로 실시로 이어지지는 않는다. 죽어있는 법령이 얼마나 많은가. 새로운 법령이 제정되면 이에는 크고 작은 '저항과 편승'이 있기 마련이다. 새로운 기록관리법령에 대한 '저항'은 현재 공공기관 내부에 잔존해 있다. 작년 기록물관리전문요원이 채용되어 중앙행정기관에서 기록관리를 담당하고 있지만, 일선 행정부처 내에 잔존해 있는 그동안의 타성 내지 기록 경시풍토 또한 만만치 않다. 아울러 현재 전문요원 양성을 위해 10여개 대학원에 기록관리학 대학원과정이 운영되고 있다. 물론 모두가 기록관리분야 전반을 위해서는 발전적인 변화이다. 그러나 그 내실을 보면, 즉 교수, 교재, 참고도서, 실습실 등의 면에서 보면 부실하기 짝이 없는 경우도 있다. 이는 새로운 법령에 대한 '편승'이라고 할 수 있다.

　그러나 '저항과 편승'을 탓하고만 있을 수는 없다. 사실 '저항과 편승'의 가장 큰 원인은 기록관리에 대한 이해의 부족일 것이다. 이를 위해 연구원은 과감히 ICA 총서시리즈를 번역하기로 결정하였다. 단순한 번역은 아니다. 권수로도 30권이 넘는다. 양도 양이거니와 여러 사람이 나누어 번역할 수밖에 없기에 통일성을 기하기가 무척 어려우리라 예상된다. 그럼에도 불구하고 한국 기록관리학의 기초를 놓는다는 심정으로 번역을 시작하였다.

　본 총서시리즈는 국제기록관리재단(International Records Management Trust)과 ICA에

서 공동으로 추진한 결과물로, 국제적으로 널리 이용될 수 있는 최선의 기록관리 업무 방식 도출을 목적으로 하였다. 또한 기록관리 전문가 외에도 체계적으로 기록학에 접근하지 못했던 사람들에게 학습모듈을 제공하려는 의도에서 만들어졌다. 이 때문에 기록관리시스템이 불충분하거나 적절한 기록관리 교재와 교육인프라가 결핍된 국가에게는 유용한 교재가 될 것이다.

기록관리 분야의 실무와 학문이 발전일로에 있는 우리나라에서도 이 교재의 보급이 시급함은 물론이다. 앞으로 이 학습교재가 공공부문의 기록관리전문가를 위해서 뿐만 아니라 민간부문에서도, 그리고 아키비스트의 업무능력과 전문성을 높이는 데에서도 널리 활용되기를 바란다.

본인은 2000년 9월, 연구원을 대표하여 스페인 세빌리아에서 개최된 ICA총회에 참석하였다. 회의 규모의 크기에도 놀랐지만 개최국의 선진적 기록관리 및 보존에도 놀랐다. 아시아에서는 유일하게 1996년 중국의 북경에서 개최되었다고 하니 중국의 문화적 깊이를 보여주는 듯하다. 한국의 서울에서 ICA총회가 열릴 기록관리 선진국을 기대하며, 본 역서가 그런 기대에 일조하기를 바라마지 않는다.

본 역서를 내면서 감사드려야 할 분들이 있다. 먼저 한국국가기록연구원의 참뜻을 이해하여 저작권에 대한 비용을 과감히 포기해준 ICA 관계자 여러분들에게 감사의 뜻을 표하고자 한다. 또 상업성을 떠나 선뜻 출판을 맡아주신 진리탐구의 조현수 사장님 및 편집부 일동에게 진심으로 감사드린다. 마지막으로 그다지 좋지 못한 조건에도 불구하고 번역을 흔쾌히 맡아주신 번역자 여러분들에게 깊은 감사를 드린다.

김학준(한국국가기록연구원 원장)

김학준

● 역자 서문

이 편람의 번역을 시작한 지도 벌써 5년, 번역초고를 내고 감수를 받고 다시 수정을 시작하고도 3년이 지났다. 처음 번역을 시작할 때는, 포스코에서 보존기록물을 발굴·정리하며 내 안에 설익은 기록학의 원칙을 기계적으로 적용해 보고 싶어 했다. 번역초고에 대한 감수결과를 받았을 때는, 학위논문을 쓰느라 곁도 줄 수 없었다. 그리고 이제 기록관리 현장에서 기록물관리법에 따른 제도를 시행하고 분류기준표를 제, 개정하면서 번역을 끝내게 되었다.

이러한 일련의 과정 속에서 MRSR 시리즈에 대한 오해와 폄하하던(?) 마음이 바뀌었다. 이 시리즈는 익히 알고 있는 바와 같이, 주로 종이기록물의 관리방법을 서술하는 기록관리 기본교재이다. 그러나 국내의 기록물 관리제도는 전자적으로 기록물을 생산하고 보존하고 최종적으로는 각종 업무 및 정보시스템까지 연계할 수 있는 전자정부의 구현을 지향하고 있다. 그렇지만, 공공기관의 기록물 관리 인프라가 모두 동일하지는 않다. 게다가 청와대의 e-지원시스템을 근간으로 한 업무관리시스템이 중앙행정부처로 확산되면서 정보화 수준이나 전자환경의 격차는 더욱 확연히 벌어지고 있다. 물론 그 격차는 확산속도와 관련 기관의 필요(needs)에 따라 계속적으로 줄어들 수 있다. 그럼에도 불구하고 확산일로에 있는 시스템 자체의 문제-혹시 있을 수 있는-는 차치하더라도 기록관리제도를 하향식으로 확산시키고 있기 때문에, 각 기관의 기록관리제도의 정착정도, 기존 보유 시스템과의 연계 또는 기록문화나 의식 등 기관별 특수성에 따른 문제는 기록학 원론에서 그 해결방안을 모색해야 할 것이다. 이런 면에서 가장 원론적이면서도 상세한 이 시리즈의 존재감이 무겁게 다가온다.

이 편람에서는 문서과에서 이관된 기록물을 자료관에서 이용하는 방법, 보안유지, 처리-폐기, 재평가, 영구보존기록물관리기관으로의 이관 등-, 기록물 관리 관련 통계 산정내역에 대해 서술하고 있다. 기록물의 전자적 관리를 차치하더라도 현행 기록물관리법과 비교해 볼 때 몇 가지 상이한 부분이 있다.

- 보존기간이 1년 이내인 기록물은 생산기관에서 보관하고 자료관으로 이관하지 않으며 이 기록물을 이관하고자 할 때에는 기록물관리기관의 장이 승인하여야 한다(제1장 참조).

- 자료관의 기록물은 기록물을 생산하거나 인계받은 기관에서만 대출받을 수 있다(제3장 참조).
- 자료관으로 이관된 기록물 가운데 이관한 기관에서 기록물의 영구반환을 요청할 수 있다 (제3장 참조).
- 자료관에서 기록물을 처리할 때 기록물을 이관한 기관에 의견을 묻는다(제5장 참조).

이에 대해서는 정치(精緻)하게 봐야 하겠으나 일단은 기록문화나 관리제도의 조건이 다르기 때문에 발현되는 것으로 생각된다.

기관의 특수성은 현재 기록연구사가 배치되어 있는 중앙행정부처간에서도 볼 수 있고, 지방자치단체, 정부출연기관 또는 국회나 법원 등 소위 헌법기관에도 나타나고 있다. 이러한 기관의 특수성으로 고려해야 할 부분과 반드시 준수해야 하는 기록관리 표준이나 정책을 고민하게 될 때 이 편람이 참고가 되었으면 한다.

고마운 얼굴들이 많다. 우선, 어설픈 번역초안을 읽고 의견을 준 국정홍보처의 강소연 연구사와 여러 가지로 꼼꼼히 챙겨준 김명훈 선생님께 감사를 드린다. 더불어 여러 차례 번거롭게 했음에도 성심을 다해준 진리탐구 편집진에게도 감사의 말씀을 전한다.

기록관리제도를 안착시키는 대장정에서 언제나 용기를 북돋워주시고 힘이 되어 주시는 은사님, 현장에서 나 홀로 버티고 있을 동료들, 그 누구보다 내 삶의 든든한 버팀목이 되어주는 남편과 두 딸에게 이 책을 바친다.

2006년 7월
고선미

차례

표준서식

제7장에 실린 표준서식은 다음과 같다

자료관의 기록관리 업무편람 소개

정부기관, 기업(business), 단체(organisation)의 자료관(record centre)은 기록물 생산부서와 문서과(record office)를 긴밀하게 연결한다. 현용 기록물은 문서과에서 관리한다. 더 이상 현업에 이용되지 않으나 아직 폐기하거나 기록보존시설로 이관하기도 곤란한 기록물은 자료관에서 관리한다.

『현용기록관리 : 업무편람』(Managing Current Records: A Procedures Manual)에서는 현업에 기록물을 활용하고 자료관으로 이관한 후 향후 검색하는 절차에 대해 상세히 설명하고 있다.

본 편람에서는 문서과에서 자료관으로 이관된 기록물의 관리절차를 다룬다. 자료관에서는 깨끗하고 안전하며 잘 조직된 고밀도 서가에 기록물을 보관하여 문서과의 공간활용도를 제고시킨다.

자료관의 담당자는 다음 사항을 책임진다.

- 기관에서 자료관에 이관된 기록물을 참고하고자 할 때 효과적으로 검색한다.
- 현업에 더 이상 필요하지 않고 영구보존가치도 없는 기록물은 적시에 인증된 절차에 따라 폐기한다.
- 영구보존가치를 갖는 기록물을 확실하게 보존기록관리기관으로 이관한다.
- 기록물이용자가 자료관의 시설을 보다 쉽게 이용할 수 있도록 조언한다.

용어

본 편람에서 문서과는 현용 기록물을 생산하고 관리하는 부서(units)나 등록소(registries)를 의미한다. 또 보존기록관리기관(archival institution), 자료관, 기록물관리기관(records and archives institution)은 일반적으로 통용되는 개념을 사용하였다. 이 기관들을 통제하는 조직은 기록물관리기관이다. 그러나 몇몇 정부기관이나 단체에서는 기록물을 현용·준현용·비현용으로 구분하지 않고 전반적으로 관리하기도 한다.

‘archives’는 보존기록물을 지칭하고, 그 기록물을 관리하는 기관 자체는 보존기록관리기관 (archival institution)으로 사용하였다. 본 편람을 이용하는 독자는 상황에 따라 보존기록관리기관, 문서과, 자료관 용어를 국립기록관리기관(national archives), 지역 자료관(provincial records centre), 단체 문서과(corporate records office)에 응용하여 활용하기 바란다.

표준 서식

모든 서식은 본 편람 마지막 장인 제7장에 모아 독자가 쉽게 찾을 수 있도록 하였다.

제1장

문서과와의 업무협조

문서과와의 협조절차

자료관과 문서과 담당자는 적극적으로 업무협조 관계를 유지한다. 특히 해당 기관에서 기록물을 요청하거나, 종결된 기록물을 문서과에서 폐기하거나 자료관으로 이관하는 경우 중요하다.

이 장에서는 자료관의 담당자가 현용이후 기록물을 관리하는 절차에 대해 이해할 수 있도록 『현용기록물 관리 : 업무편람』의 내용을 요약한다.

(1) 문서철 종결

문서철의 두께가 3cm(약 1 인치) 이상이 되거나 생산된 이후 5년이 경과하면 문서과에서는 정기적으로 문서철을 종결한다. 때에 따라서는 그 이전에 할 수도 있다. 이는 문서철을 적당한 분량(volume)으로 관리하기 위해서이다. 더불어 종결된 문서철에는 더 이상 기록물을 추가할 수 없다.

문서철을 종결할 때는 표지에 대각선으로 굵게 '종결'(closed)이라는 글자와 그 일자를 기입하여 문서철이 정리되었음을 표시한다. 또, 문서철 왼편에 있는 (최신) 색인목록에도 동일한 방식으로 표시한다. 문서철관리카드(file transit sheet)[1]등 기록물을 관리하는 서식(control documentation)에도 문서철 종결사항과 그 일자를 기재한다.

만약 종결된 문서철의 업무가 계속 진행되는 경우에는 새로이 분철한다. 분철한 신규 문서철을 앞서 종결된 문서철의 관리카드에 기록한다. 더불어 일반 신규 문서철과 동일한 방식으로 관리하고 종결된 문서철의 존재도 기재한다.

---

[1] [역주] 이 서식은 문서철 종결 및 분철사항과 인수자, 인수일자를 기재할 수 있는 것으로 기록의 물리적 이동과 관련 기록물의 유기적 관계를 보여준다(『현용기록물관리 : 업무편람』 6과, 9과 참조). 따라서 'transit'의 역어로 '관리'라는 포괄적인 용어를 사용하였다.

(2) 종결된 문서철의 문서과내 보관

종결된 문서철에 더 이상 새로운 업무활동과 관련된 문서를 추가할 수 없다. 그러나 이용자가 종결된 문서철을 참고하고자 할 수 있으므로 일정기간 문서과에서 보관한다. 종결된 문서철을 문서과에서 보관하는 시기는 처리일정표에서 정하고 있다. 예를 들어 송수신철의 경우 일반적으로 종결된 후 3년이 경과하면 자료관으로 이관된다.

이용자가 문서철을 요구하면, 문서철관리카드(transit sheet)에 문서철의 인수인계사항(file movement)을 기록하고, 또 문서과에서 종결된 문서철의 현용 부분을 보관하는 경우에는 관리대장(transit records)을 빠짐없이 작성하고 종결된 문서철과 함께 업무담당자에게 인계한다.

(3) 처리일정표

종결된 업무철(official files)과 여타 기록물의 처리방법 및 시기는 기록물관리기관장이 정한다. 기록물의 처리는 다음과 같다.

- 물리적 폐기
- 자료관으로의 이관
- 보존기록관리기관으로의 이관

처리일정표는 기록물관리기관에서 기록물의 처리지침으로 하달한 것이다.

문서과에서는 모든 기관의 일반적인 업무수행과 관련된 기록물을 대상으로 하는 '일반처리일정표'의 사본과, 당해 기관이나 부서의 고유한 업무수행과 관련된 기록물을 대상으로 하는 '특별처리일정표'를 발간한다. 이 처리일정표에는 종결된 문서철을 문서과에서 보유하는 기간이 명시되어 있다. 이 기간 이후 대부분의 기록물은 자료관으로 이관되고 일부는 폐기된다. 따라서 문서과 담당자는 종결된 문서철과 여타 기록물을 적시에 자료관으로 이관할 책임이 있다. 문서과장은 문서철을 일정표에 명기된 기간보다 더 보관하고자 할 경우 그 사유를 자료관에 통지해야 한다.

자료관에서는 전체 처리일정표 사본을 보관한다. 기록물이 이관되면 처리일정표에 명기된 사항과 대조하고 필요시에는 재평가하여 폐기하거나 보존기록관리기관으로 이관한다.

(4) 문서과에서의 보유 기록물 폐기

보존기간이 1년 이내인 기록물은 생산기관이나 부서에서 보관되고 자료관으로 이관되지 않는다. 보존기간 1년 이내의 기록물을 이관하려면 기록물관리기관장의 승인을 얻어야 한다.

　6개월마다 문서과에서는 폐기대상 기록물의 수록기간(covering dates), 문서철의 수량, 관련 처리일정표의 번호(schedule number)를 기입하여 '처리대상기록물제안서' 부본을 작성하고 자료관의 승인을 받는다. 이 때 자료관에서는 기록물을 조사하고 재평가할 수도 있다. 자료관의 승인을 얻은 폐기대상 기록물은 문서과에서 세절하여 재활용하거나 소각한다(제5장 참조).

<도표 1> 처리대상기록물제안서 참조

(5) 중요기록물(vital records)

　중요기록물은 분실될 경우 정부기관, 기업, 단체를 유지하는데 치명적인 필수기록물이다. 현용하고 있거나 최근에 종결된 몇몇 중요기록물은 문서과에서 보유하고 이외 중요기록물은 자료관에서 관리한다. 자료관의 담당자는 자료관과 문서과에서 보유하고 있는 중요기록물의 내용과 현황을 파악하고, 비상시에 이러한 기록물을 우선 처리할 수 있도록 문서과 담당자와 협력한다. 일반적으로 중요기록물은 복본을 만들어 다른 건물에 부본을 비치한다.

(6) 비상계획

　문서과와 자료관에서는 어느 기관 어느 부서에 있는 기록물이든 손실과 망실을 수반하는 재해에 최대한 대비하기 위해 비상계획을 기획하고 실행하는데 협력한다. 비상계획은 자료관 자체에서 일어날 수 있는 위험상황에도 대비할 수 있도록 고안한다.

중요기록물의 관리 및 비상계획에 『기록관리 비상계획』
(Emergency Planning for Records and Archives Services)을 참조

자료관으로의 기록물 이관

기록물 이관절차

　자료관에서는 문서과에서 처리일정표를 적용할 때 발생되는 의문사항이나 기록물을 자료관으로 이관하는 정리방법에 대해 조언한다. 필요한 경우, 문서과의 담당자는 직접 방문하거나 전화를 통해 자료관에 도움을 요청한다.

　자료관에서는 일반적으로 처리일정표에 들어있지 않은 기록물을 수령하지 않는다. 이러한 기록물을 문서과에서 자료관으로 이관하려면 기록물관리기관장의 이관 승인을 받아야 한다.

　자료관에서는 문서과의 코드색인을 관리한다. 기록물을 이관받을 때에는 문서과에 해당 코드번호를 알려준다.

　자료관으로 기록물을 이관하는 절차는 다음과 같다.

1. 문서과에서 기록물의 이관요청을 하면, 자료관에서는 이관기록물목록서식 사본 4부를 빈 박스에 넣어 문서과로 보낸다(복사가 가능한 경우 서식을 1부만 보내도 충분하다). 자료관에서 제공한 박스번호와 관련 서식은 자료관물품대장(supplies register)에 기록된다.

2. 문서과에서는 자료관에서 받은 이관기록물목록을 작성한다. 이관기록물목록 사본 3부는 임시 연번을 붙인 박스에 문서철과 함께 넣어 자료관으로 되돌려보내고 나머지 사본 1부(사본1)를 확인용으로 관리한다.[2]

---

2) [역주] 이관기록물목록사본 4부의 운용을 확실히 표현하기 위해 '(사본1)' '(사본2)' 등을 병기하였다.

이관기록물목록은 다음과 같이 구성된다.

- 이관하는 기관명과 주소
- 문서과 코드번호
- 이관기록물 위탁(consignment) 번호(이관시 문서과에서 1번부터 부여함)
- 이관기록물의 세부사항, 참조번호나 코드, 제목이나 내용, 생산일자 등

제목이나 기술은 차후 기록물 검색에 이용하기 위해 제대로 작성되어야 한다.

<도표 2> 자료관이관기록물목록 참조

문서과에서 처리행위범주(폐기, 재평가, 영구보존), 처리일자를 기입하고 박스번호와 서가번호는 자료관의 담당자가 부기(附記)한다.

3. 자료관에서는 이관기록물목록 사본을 모두 판독할 수 있는지, 되돌려 받은 박스번호가 송부한 것과 일치하는지 확인한다. 박스는 고가이므로 방치하지 말고 목적에 맞게 사용한다.

4. 자료관에서는 이관기록물등록대장에 세부사항을 기입한다.

<도표 3> 자료관이관기록물등록대장 참조

5. 자료관에서는 번호순서대로 박스를 배치하고, 한번에 하나씩 순차적으로 처리한다. '자료관이관기록물목록'을 각 박스에서 꺼내고 다음 사항을 확인한다.

- 서식이 제대로 기입되어 있는지
- 내용을 적절히 기술하였는지, 처리일자가 공란으로 남아있는지
- 기록물의 수록기간이 기입되어 있는지(기록물의 수록기간을 토대로 기록물의 처리일자를 산정함)
- 박스의 내용물이 이관기록물목록에 기재된 내용과 일치하는지
- 기록물이 깨끗하게 순서대로 되어 있는지, 제외해야 할 첨부물이나 클립이 들어있는지

6. 만약 박스에 담긴 기록물이 정확하지 않거나 제대로 정리되어 있지 않다면, 자료관의 선임자가 문서과에 연락하여 문제를 해결하도록 요구한다. 문서과의 담당자는 기록물을 이관하는 적절한 방법에 대해 『현용기록물 관리 : 업무편람』(Managing Current Records : A Procedures Manual)을 참조한다. 만약 적절한 이관절차를 따르지 않았다면, 자료관에서 문서과로 기록물을 반송하고 다시 준비하도록 요구할 수 있다.

7. 합당한 처리일정표의 내용을 참조하여 처리행위범주와 처리일자를 결정한다.

8. 각 박스에 처리행위범주가 상이한 기록물이 섞이지 않도록 주의한다.

9. 동일한 박스에 폐기할 기록물, 재평가할 기록물, 보존기록관리기관으로 이관할 기록물을 함께 담아서는 안 된다. 만약 처리행위범주가 다른 기록물을 한 박스에 넣어 보낸 경우, 처리행위범주에 따라 기록물을 구분하여 별도의 박스에 담아야 한다. 필요하다면 이관기록물목록 사본을 모두 수정한다.

   - 만약 처리일정표에 처리행위가 '일정시기 후 폐기'로 정해져 있는 경우, 각 이관기록물목록 사본에 폐기일자를 기입하고 처리행위(폐기)를 표시한다. 각 박스에는 가장 빠른 폐기일자 단 하나만 기입한다.
   - 만약 처리행위가 '일정시기 후 재평가'라면, 각 이관기록물목록 사본에 재평가일자를 기입하고, 처리행위는 재평가로 표시한다. 박스에는 가장 빠른 재평가 일자 단 하나만을 기입한다.
   - 만약 처리행위가 '영구보존'이라면, 이관기록물목록에 보존기록관리기관으로 이관할 날짜를 기입하고 처리행위는 영구보존으로 표시한다. 박스별 이관일자는 가장 빠른 일자 하나만을 기입한다.

10 '자료관서가관리대장'에서 비어있는 서가의 위치를 확인한다. 공간활용과 관리를 위해 특정 문서과에 별도의 서가를 할당해서는 안 된다. 특정 선반의 위치정보는 서가번호로만 표현한다. 만약 박스번호로 선반의 위치정보를 기록하면, 기록물의 폐기 및 보존기록관리기관으로의 이관 등으로 박스가 차지하던 위치에 빈공간이 생기고 그곳에 새로운 박스를 채워 넣게 되어 위치정보를 변경해야 하는 빈도가 잦아진다.

<도표 4> 자료관서가관리대장 참조

제2장 자료관으로의 기록물 이관

11. 순차적으로 사용할 수 있는 번호를 각 박스에 차례대로 기입한다. '자료관서가관리대장'의 첫 장에 모든 박스번호(예를 들어, 0001-5000)를 목록으로 작성하고 사용중인 번호에는 횡선을 그어 표시한다. 이렇게 관리하면 사용하고 있는 박스번호와 누락되거나 중복된 번호를 확인할 수 있다.

12. 자료관에 새로운 선반이 들어오면 서가위치를 대장에 추가한다. 박스번호는 다시 사용할 수 없으나 서가번호는 선반내 일정한 위치정보를 나타내므로 다시 사용할 수 있다.

13. 박스가 있는 서가번호를 대장에 기록한다.

14. 대장에 기록된 서가위치에 박스를 놓고, 박스번호와 서가번호를 이관기록물목록에 기재한다.

15. 생산부서(originating office)의 코드번호, 박스번호, 서가번호를 박스 바깥쪽에 확실히 부착한다.

16. 자료관이관기록물등록대장에 이관된 기록물의 처리행위범주를 상세히 기입한다.

17. 작성된 자료관이관기록물목록은 다음과 같이 처리한다.

- 이관기록물목록철(master transfers file)
  이관기록물목록 사본 1부(사본2)를 기록물을 이관한 기관(agency)과 부서(unit)에 따라 접수일자 순으로 편철한다.
- 처리일자순목록철
  이관기록물목록 사본 1부(사본3)를 박스별 처리행위-재평가, 폐기, 보존기록관리기관으로 이관 등- 시행일자 연월일순으로 편철한다. 각 박스에는 한가지 처리범주만 기재하고 처리일자가 여러 가지이면 가장 빠른 날짜를 기록한다.
- 문서과의 확인용 사본 폐기
  이관기록물목록 사본 1부(사본4)는 문서과로 보낸다. 문서과에서는 이를 통해 자료관에 보존된 기록물의 박스번호와 서가위치를 확인할 수 있으므로, 사본을 인수하는 즉시 이관기록물목록 사본 1부(기록물을 이관할 때 작성하며 확인용으로 보관하고 있던 사본1)를 폐기한다.

18. 문서과별로 이관한 박스의 수량을 매월 계산하여, 이관기록물목록철 앞장에 기입한다. 이 통계는 자료관에서 수령한 기록물의 수량과 그 기록물이 차지하는 공간에 대한 정보이고 이를 통해 기록물을 이관한 기관현황을 알 수 있으므로 이관기관/부서의 색인으로 활용할 수 있다.

제3장

자료관의 기록물 이용

1. 생산부서의 기록물 대출

1. 기록물을 생산하거나 인계받은 기관만이 자료관에서 문서철을 대출할 수 있다. 기관에서 문서철을 대출하고자 할 때, 문서과에서는 '자료관기록물신청서' 3부에 다음 사항을 기입하여 자료관으로 보낸다.

   - 부서코드(departmental code)
   - 박스번호
   - 자료관서가번호
   - 신청한 기록물의 문서철명이나 내용 및 참고번호
   - 신청자명과 전화번호

<도표 5> 자료관기록물신청서 참조

2. 만약 기록물을 이용하고자 하는 기관에서 박스번호와 서가번호를 모른다면, '자료관서가관리대장'을 참고하여 '자료관기록물신청서'에 번호를 기재한다.

3. 기록물 이용 신청을 받으면 박스를 탐색하여 요청한 문서철을 꺼내고 모든 신청서에 대출일자를 기입한다. 문서철을 꺼낸 박스에는 문서철이 있던 그 자리에 기록물신청서 사본 1부(사본1)를 종이클립으로 고정시켜 꽂아둔다.

4. 자료관대출표시부착물을 문서철 앞표지에 끼우고 거기에 자료관 번호(record centre number)를 기입한다. 만약 이러한 부착물이 없으면 문서철 앞에 스탬프를 찍거나 박스

번호를 기재하되 문서철 표지의 내용을 볼 수 있어야 한다.

<도표 6> 자료관대출표지부착물 참조

5. 이용신청을 받은 기록물은 자료관 문서수발을 통해 전송하거나 또는 신청자나 대리인 에게 인계한다. 인계과정이 끝나면 '자료관기록물신청서' 사본 1부(사본2)에 신청자나 대리인이 인수확인 서명을 하고 날짜를 기입한다. 자료관의 담당자도 서명하고 날인한 다.

6. 서명 날인한 '자료관기록물신청서' 사본 1부(사본2)는 대출기록물색인(the records issued out index)에 박스번호순으로 넣어둔다.

7. '자료관기록물신청서' 사본 1부(사본3)는 대출일자 순으로 대출관리색인(issue control index)에 넣어둔다.

8. 문서철이 반납되면, 대출기록물색인에 들어있는 '자료관기록물신청서'(사본2)를 찾아 반납된 문서철과 대조하여 반납일자를 기입하고 대출반납색인(returned issues index)에 박스번호순으로 넣어둔다. 이 색인으로 검색회수에 관한 정보를 모을 수 있다.

9. 박스에 꽂아둔 '자료관기록물신청서'(사본1)를 이용하여 문서철을 넣을 위치를 확인한 후, 박스에서 신청서를 빼내고 그 자리에 문서철을 넣는다.

10. 대출관리색인에서 신청서(사본3)를 꺼내 반납일자를 기입하고 기록물을 이용신청한 기 관에 보내어 기록물이 반납되었음을 알린다.

11. 주말마다 대출기록물색인에 들어 있는 신청서가 박스번호순으로 되어 있는지 확인한 다. 불법적이거나 반납기한이 경과한 사안을 조사하여 기록한다. 만약 한 달 이내에 문서철을 반납하지 않을 경우에는 독촉장을 보낸다. 그 후 한 달이 지나도 문서철을 반납하지 않으면 2차 독촉장을 보낸다. 세 달 후에도 여전히 문서철을 반납하지 않으면 자료관장에게 해당 사안을 보고한다. 특별한 경우 대출기한을 연장할 수 있다.

2. 기록물의 영구반환(permanent withdrawal)

1. 기록물의 관리를 자료관에 위탁한 기관에서 기록물을 영구히 반환받을 수도 있다. 이때 '자료관기록물신청서'를 앞서 언급한 방법으로 작성하되 다만 '영구반환'을 기재한다.

2. 박스에서 문서철을 꺼내고 그 자리에 신청서 사본 1부(사본1)를 클립으로 고정하여 꽂아둔다. 이 신청서 사본은 박스의 나머지 기록물이 폐기되거나 보존기록관리기관으로 이관될 때까지 남겨둔다.

3. 대출기록물색인에 신청서 사본 1부(사본2)를 박스번호순으로 넣어둔다.

4. 자료관의 모든 이관기록물목록 사본에 기록물 반환에 관한 세부사항과 일자를 기입한다.

5. 기록물을 문서과로 영구반환하면 문서과에 보관 중인 이관기록물목록 사본을 수정하도록 공문을 보낸다.

제4장

보안유지

보안유지 절차

자료관은 항상 철저한 보안이 유지되어야 한다. 이는 자료관에 매우 민감한 기록물이 있기 때문이기도 하지만, 모든 정부기관이나 법인시설에는 보안을 유지하는 것이 공통된 사항이다. 만약 기밀보안이 허술하다고 인지되면 자료관에 기록물을 이관하는 것을 꺼리게 되고, 그 절차는 혼란에 빠지거나 무용지물이 된다. 다음 사항에 따라 적절한 보안수준을 유지한다.

1. 자료관의 담당자 이외 기록물관리기관장의 특별허가를 받지 않은 그 어떤 누구도 기록물 서고를 출입하지 못한다. 사무실은 업무시간에만 사용하고 야간에는 건물을 경비한다. 모든 출입문은 보안규정에 따라 시건 장치를 확실히 하고 열쇠의 개수는 제한한다. 비상시에 대비하는 여벌의 열쇠는 비상대책에 명시된 위치에 둔다.

2. 화재, 홍수 등에 대한 예방책은 항상 확실히 시행한다.

3. 자료관으로 기록물을 이관한 기관의 대리인이 아니면 누구에게도 기록물을 내주지 않는다.

4. 인증받은 사람은 담당자의 감독하에 기록물을 열람할 수 있다.

5. 기록물을 이관한 기관의 대리인이외 자료관으로 다른 사람이 열람을 요청하면 기록물관리기관장에게 조회하고, 적절한 경우 해당 기관의 승인을 받는다.

6. 공식적으로 비밀로 분류된 기록물은 자료관의 지정된 장소에서 관리한다. 자료관의 담당자는 가능한 한 기록물의 비밀해제 기구를 활성화시킨다.

7. 자료관에서는 담배를 피우거나 음식물을 먹어서는 안 된다.

제5장

기록물 처리일자 운용

기록물 처리실행

자료관으로 이관된 모든 기록물은 적기에 확실히 처리한다. 적기(適期)란 처리일자로서 폐기, 재평가, 보존기록관리기관으로의 이관 등 이미 결정된 처리행위의 실시 예정일이다. 자료관의 담당자는 처리행위와 관련된 절차가 적기에 적절히 수행될 수 있도록 한다.

재평가 대상은 생애주기 초기에 보존기간을 평가하지 못한 기록물이다. 일반적으로 이런 기록물은 문서철 내 각 문건의 중요도가 서로 다른 경우로, 예를 들면 여러 주제가 뒤섞여 있는 송수신철 등이 이에 속한다. 이는 애초부터 영구 보존해야 하는 중요 위원회의 서명이 담긴 회의록이나 감사목적으로만 일시적으로 보관되는 일상적인 재무문서인 증빙서류와 같이 명백한 가치판단이 가능한 기록물과 뚜렷이 구분된다.

기록물의 재평가는 관련 처리일정표에 명시된 기간이 경과한 후 시행한다. 기록물을 재평가하는 방법은 다양하나, 기록물 관리 선임자의 조언에 따라 생산기관에 있는 적임자나 기록물관리기관의 담당자가 수행한다.

매년 1월, 처리 대상인 기록물을 모두 적절히 처리하기 위해 자료관의 소장기록물 현황을 파악한다. 이때 처리일자 목록철을 참고하여 당해 년도에 처리해야 하는 모든 문서철 박스를 확인한다. 모든 처리행위를 명시된 처리일자나 그 직후에 수행할 수 있도록 계획한다. 예를 들어, 1월에 처리해야 할 박스가 너무 많으면 기관이나 부서별로 박스를 선별하여 처리하고 다음달에 다른 기관의 박스를 순차적으로 처리한다. 연간 처리행위 절차를 1년 안에 완료하지 못하면 미처리분이 생길 수 있다.

(1) 년간 기록물의 평가 및 처리절차

1. 처리해야 할 기록물에 대한 '자료관기록물처리서' 2부를 작성한다. 사본 1부는 관련 이관기록물목록 사본 1부와 함께 문서과장에게 보내 의견을 회신하도록 하고, 나머지

1부는 문서과에서 처리서를 회신할 때까지 문서철과 함께 보관한다.

<도표 7> 자료관기록물처리서 참조

2. 문서과장은 자료관에서 송부한 기록물처리서의 처리행위에 동의하거나 또는 폐기해서는 안 되는 이유를 적어 자료관으로 회신한다. 만약 의견이 일치하지 않을 경우, 기록물 관리기관장이 해당 기관장과 협의해야 하므로, 문서과장이 서명하여 회신한 처리서는 편철하여 보관한다.

3. 생산기관에서 문서철을 더 이상 요구하지 않고 또 처리행위를 재평가하도록 정하고 있다면, 기록물의 지속적인 가치여부를 판단하기 위해 문서철을 평가한다(재평가는 생산기관이나 기록물관리기관이 적절히 수행한다).

4. 재검토 대상 기록물이 지속적인 가치를 지니고 있는 것으로 평가됨에도 불구하고 영구 보존 여부에 대해 아직 결정하기 곤란하여 재평가 일자를 연기한다면, 이관기록물목록 철과 처리일자순목록철에 있는 자료관이관기록물목록에 새로운 재평가일자를 수정, 기입하고 그에 기준하여 처리일자순목록철을 재편철한다.

5. 생산기관에서 한 달 이내에 자료관에서 송부한 기록물처리서를 작성하여 회신하지 않으면, 처리서 사본 1부를 다시 보내 독촉한다. 이후 또 한 달 이내에 답신이 없으면, 기록물관리기관장에게 통지한다.

(2) 자료관에서의 기록물 폐기

자료관에서 기록물을 폐기할 때는 다음과 같은 절차를 밟는다.

1. 기록물을 이관한 기관에서 서명, 회신한 기록물처리서를 수령한 후, 자료관에서는 해당 기록물을 폐기한다. 그러나 생산기관으로부터 처리서를 접수하지 못하면 문서철을 폐기할 수 없다.

2. '자료관서가관리대장'에서 폐기할 기록물의 위치를 확인한 후 관련 박스를 옮긴다. 엄격한 감독하에 문건을 세절하여 재활용하거나 소각한다. 문서철을 폐기하면, 박스번호

에는 횡선을 그어 삭제하고 박스는 상태를 고려하여 재활용한다. 폐기는 문서철별로 하는 것이 아니라 박스단위로 한다. 그러므로 박스안에 관리해야 하는 문서철이 하나라도 있다면 박스 전체를 보관한다.

3. '자료관서가관리대장'에서 폐기된 박스의 등록사항을 횡선을 그어 삭제한다. 해당 서가 위치는 다음 이관기록물로 채워질 것이다.

4. 이관기록물목록철에 있는 박스의 등록사항에 횡선을 그어 삭제하고 '폐기된 박스'라는 스템프를 찍고 날짜를 기입한다. 스템프가 없으면 처리사항을 수기(手記)한다. 자료관 이관기록물목록의 박스를 모두 폐기하면, 해당 목록을 빼내어 기관, 부서 및 박스번호 순으로 폐기된 박스 문서철에 둔다.

5. 문서철을 이관한 문서과로 이관기록물목록 수정사본을 보내고 구 서식을 폐기하도록 요구한다.

6. 처리일자순목록철에 있는 박스의 등록사항에 횡선을 그어 삭제한다. 만약 관련 서식의 박스를 모두 폐기하면 해당 목록을 꺼내 폐기한다.

7. 자료관폐기승인문서철에는 생산기관별로 서명, 확인받은 자료관기록물처리서를 넣는다.

8. 연말에, 폐기된 기록물 박스의 총 수량과 기관별 수량을 산정하여 연간보고서에 담는다.

(3) 문서과에서의 기록물 폐기

만약 자료관의 담당자를 대신하여, 문서과에서 기록물을 폐기할 경우에는 다음 절차에 따른다.

1. 제1장에서 서술하였듯이, 기록물의 현용기간이 지나면 문서과에서는 기록물 처리에 대한 지시를 받는다. 6개월마다 각 문서과에서는 보존기간이 1년 이내인 기록물과 폐기대상 기록물 목록인 처리대상기록물제안서를 복본으로 작성한다.

2. 자료관의 담당자는 합법적으로 폐기하는 기록물인지 관련 처리일정표에서 확인한다.

3. 만약 폐기대상 기록물이라면, 자료관의 선임자는 처리서에 폐기승인 서명을 하여 문서
   과로 회신한다. 의문사항이 있을 경우, 자료관의 담당자는 기록물을 조사하고 평가하여
   처리서를 수정한다.

4. 승인된 처리서 1부를 해당 문서과로 송부한다. 이에 근거하여 문서과에서는 감독하에
   기록물을 소각하거나 세절하여 폐기한다.

제6장

기록물 관리 연간보고서 관련 통계 산정

통계산정 절차

연간 통계는 다음 순서대로 산정한다.

1. 신규 회계년도를 시작할 때, 기록물관리기관의 연간보고서에 넣을 자료관 활동에 대한 보고서를 준비한다.

2. 앞서 언급한 바와 같이, 자료관의 기록물 관리서식에 기재된 정보를 이용하여, 기관 및 부서별로 분류하여 다음과 같은 정보범주로 통계를 산정한다.

- 자료관에 이관된 박스의 수량
- 자료관에서 폐기한 박스의 수량
- 문서과에서 폐기하도록 예정된 문서철/문건의 수량
- 보존기록관리기관으로 이관한 문서철/문건의 수량
- 생산기관에 대출된 기록물의 수량

표준 서식

다음은 본 편람에서 다룬 표준서식이다.

1. 처리대상기록물제안서
2. 자료관이관기록물목록
3. 자료관이관기록물등록대장
4. 자료관서가관리대장
5. 자료관기록물신청서
6. 자료관대출표시부착물
7. 자료관기록물처리서
8. 보존기록관리기관 기록물이관서

처리대상기록물제안서

수신 : 자료관장

발신 : 문서과

　　　기관/부서_____

　　　_____

　　　문서과 코드_____

일자 : _____

아래 기록물이 폐기대상인지 ,당해 기관에 폐기권한이 있는지 확인해 주시기 바랍니다.

처리일정표 관리번호	시리즈 명	수록기간	문서철/건번호

폐기를 승인합니다.

서명_____　　일자_____

　　자료관장

<도표 1>　처리대상기록물제안서

자료관이관기록물목록

연번_____

기관_____   코드_____

부서_____   이관기록물위탁번호_____

문서과_____

처리행위범주(폐기, 재평가, 영구)_____
자료관에서 기재

박스 번호	기록물명/ 내용	참조번호	수록기간	처리일자	자료관서가번호

<도표 2> 자료관이관기록물목록

자료관이관기록물등록대장

수령일자	이관기관명/주소	문서과 코드번호	이관기록물 위탁번호	박스번호	위치번호	처리범주 (처리일)		비고

<도표 3> 자료관이관기록물등록대장

자료관서가관리대장							
서고	서가 번호	이관기록물 위탁번호	박스번호	서고	서가 번호	이관기록물 위탁번호	박스번호

<도표 4> 자료관서가관리대장

제7장 표준 서식

자료관기록물신청서

서가번호 _____

문서과 코드번호 _____

박스번호 _____

기관/부서명 _____

문서철 번호 _____

신청 문서철명 또는 내용 _____
_____

대출일 _____

대출담당자 서명 _____

반납담당자 서명 _____

반납 독촉장 발송 _____

2차 반납독촉장 발송 _____

자료관장에게 보고 _____

반납일 _____

<도표 5> 자료관기록물신청서

```
┌─────────────────────────────────────┐
│  ┌───────────────────────────────┐  │
│  │                               │  │
│  │   주소 :                      │  │
│  │   전화번호 :                  │  │
│  │                               │  │
│  │   자료관으로부터 대출중임     │  │
│  │   가능한 조속히 반납바람      │  │
│  │                               │  │
│  │   박스 번호 :_____      │  │
│  │                               │  │
│  └───────────────────────────────┘  │
└─────────────────────────────────────┘
```

<도표 6> 자료관대출표시부착물

자료관기록물처리서

문서과 : _____   문서과코드번호 : _____
                                이관기록물위탁번호 : _____

첨부된 기록물의 목록대로 '처리대상'기록물을 처리하고자 합니다.

아래 회신서를 작성하여 보내주십시오

만약 3개월 내에 회신이 없으면 귀 기관에서 첨부된 목록의 내용대로 처리하는 데 동의하는 것으로 판단할 것입니다.

서명 : _____
　　　자료관장

회신서

문서과 : _____   문서과코드번호 : _____
                                이관기록물위탁번호 : _____

첨부된 기록물목록을 판단한 결과 다음과 같이 처리하는 데 동의합니다

1. 해당 기록물 폐기*
2. 여전히 업무부서에서 필요로 하는 _____년까지 기록물 보존*
3. 영구 보존하기 위해 보존기록관리기관으로 기록물 이관 권고*
* 해당되지 않는 번호에는 삭선을 그으시오

서명 : _____
직위 : _____   일자 : _____

<도표 7> 자료관기록물처리서

자료관의 기록관리 : 업무편람

보존기록관리기관 기록물이관서
이관번호(보존기록관리기관에서 작성):
이관 정부부처:
자료관에서 이관하는 것인가 ?　　　　예 ☐　　　　아니오 ☐
생산일자 :
시리즈에 첨부될 문건이 더 있는가 ?　　예 ☐　　　　아니오 ☐
분량(문건이나 박스의 수량):
물리적인 형태(문서철, 책자 등..) :
물리적인 상태(문제점 기술):
30년 후 공개할 수 있는 기록물인가 ?(30년 이전이나 이후에 공개해야 하는 문건 기재)
상세정보(분실하였거나 보존하고 있는 문건 또는 사진, 지도, 화폐 등 특별한 매체자료를 포함하고 있는 문건 기술)
보존기록관리기관으로의 기록물이관 건의 *이름 :*　　　　　　　　　　*날짜 :* *직위(부처/위탁기관/자료관의 장) :*
보존기록관리기관으로의 기록물이관 동의 *이름 :*　　　　　　　　　　*직위 :* *서명 :*　　　　　　　　　　*날짜 :*

<도표 8>　보존기록관리기관 기록물이관서

색 인

Managing Records Centres : A Procedures Manual

ㄱ～ㅊ